QUELQUES DOCUMENTS

SUR

LE 19 BRUMAIRE

PAR

Jean DESTREM

Extrait de *la Révolution française*

(N° du 14 Avril 1910)

PARIS

IMPRIMERIE DE LA COUR D'APPEL

L. MARETHEUX, Directeur

1, RUE CASSETTE, 1

1910

QUELQUES DOCUMENTS

SUR

LE 19 BRUMAIRE

PAR

Jean **DESTREM**

***

Extrait de *la Révolution française*

(N° du 14 Avril 1910)

***

PARIS

IMPRIMERIE DE LA COUR D'APPEL

L. MARETHEUX, Directeur

1, RUE CASSETTE, 1

—

1910

QUELQUES DOCUMENTS

SUR LE 19 BRUMAIRE

Nous sommes si pauvres en documents d'archives relatifs au coup d'État de l'an VIII qu'il faut nous garder de négliger la moindre glane dans la récolte qu'on peut en faire. Je n'exagère pas l'importance des pièces qui vont suivre ; elles sont pourtant bonnes à classer avec celles que nous possédons déjà dans le maigre dossier que nous ont laissé les conspirateurs.

I

J'ai rencontré ces pièces aux Archives nationales, non pas dans les cartons des procès-verbaux du Conseil des Cinq-Cents, mais dans ceux de la Commission intermédiaire de cette assemblée. Ces cartons ont déjà été explorés : Paschal Grousset, ainsi que m'en assure une fiche laissée entre deux liasses, les a consultés alors qu'il préparait un ouvrage : *Le Coup d'État de Brumaire an VIII*, qui n'est nullement à dédaigner, car il est documenté avec un soin louable, si l'on réfléchit à la date de sa publication (1869, chez Armand Lechevalier). Toutefois on peut s'étonner de voir Grousset laisser de côté toutes les pièces du carton qu'il a ouvert (C, 467), sauf une. Il a uniquement relevé le texte de la chemise vide de la séance du 18 brumaire : « Conseil des Cinq cents. Procès-verbal de la séance du 18 brumaire. Présidence de Lucien Bonaparte, Dillon, Fabry, Desprès (de l'Orne), Bara (des Ardennes) secrétaires. » Et au-dessous le mot : *Néant.* C'est tout, en effet, pour ce jour-là. Grousset fait remarquer « qu'un trou, pratiqué dans le papier, pour rattacher par une ficelle les diverses pièces du dossier, atteste que la chemise a contenu des pièces supprimées depuis ». Mais il n'a pas jugé à propos d'utiliser — ou bien on ne lui a pas communiqué — les documents que nous allons présenter ou analyser (1).

Les premiers à signaler, en suivant l'ordre des événements, sont — C, 476 — deux listes de souscripteurs au banquet offert à Moreau et à Bonaparte, banquet qui eut lieu le 15 brumaire, dans le temple de la Victoire (église St-Sulpice), et qui fut si froid et si guindé au témoignage de ceux qui y assistèrent. Il y a une première liste, en tête de laquelle on a écrit : « Souscription volontaire pour un dîner civique offert aux généraux Bonaparte et Moreau. » Les signatures viennent ensuite (2). La première est celle de Joseph Cornudet, après les signatures, cette observation :

Les représentans du peuple qui n'ont pas encore souscrit et qui voudront le faire sont prévenus que la feuille de souscription sera retirée septidi après la séance. Cette mesure est indispensable, afin que le nombre des souscripteurs soit invariablement fixé. La dépense est réglée à 30 francs par souscription au plus. Le 9 brumaire an 8.

(1) Les documents dont je n'indique pas la cote sont extraits du carton C, 469 ; j'indiquerai la cote de ceux qui viennent d'autres cartons.

(2) Plusieurs des pièces indiquées ici sont des listes de noms. La lecture de ces énumérations serait fastidieuse. Je m'abstiendrai, autant que possible, de les reproduire. L'important est que, par l'indication des cotes, on puisse se reporter au document *in extenso*, aux Archives.

Il y a, à ce moment, 140 souscripteurs appartenant aux deux Conseils ; cinq à six signatures viennent s'ajouter au bas de cette première liste.

La seconde pièce est une expédition de la première. Cette fois les noms sont placés, par le scribe, dans l'ordre alphabétique, au lieu de l'être dans l'ordre des signatures. Le nombre des souscripteurs est alors de 154. Ce chiffre est-il définitif ? Les brochures du temps signalent la présence au banquet de représentants — Briot, Destrem, etc. — que je ne trouve pas parmi les signataires. Ont-ils souscrit entre le 9 et le 15 brumaire, ou les journaux ont-ils commis une erreur ? Au surplus, dans ces listes, très peu de membres des gauches ; j'y relève cependant un futur « exclu » du 19 : Moreau, de l'Yonne ; et cet infortuné Annecy, député de St-Domingue aux Anciens, que, dans deux ou trois ans, Bonaparte enverra casser des cailloux au bagne de Porto-Ferrajo. J'y trouve encore le nom de Jourdain ; mais est-ce le futur exclu, Jourdain d'Ille-et-Vilaine ? Est-ce Jourdain du Bas-Rhin ? Il en est de même de Philippe : faut-il l'appliquer à Philippe des Anciens, ou à l'exclu Philippe, des Cinq-Cents ? Pour répondre à ces questions il faudrait une expertise d'écritures que je ne suis pas en état d'entreprendre. Quant aux conjurés, ils sont presque tous là.

Mais passons à la séance du 19, à St-Cloud.

II

Et d'abord, rendons-nous compte de la façon dont les bureaux du Conseil procèdent pour la confection des procès-verbaux. Les cartons contenant les séances antérieures au coup d'État nous font connaître ce mode de tra-

vail : les orateurs, les auteurs de propositions sont priés
par les secrétaires de rédiger eux-mêmes la partie de dis-
cussion qui les concerne ; ainsi, le représentant qui vient
de parler prend une feuille de papier et il écrit, dans le
style impersonnel du procès-verbal : « Un membre observe
que... » Puis il signe. Ou bien il prend l'épreuve du rapport qu'il vient de lire, et il écrit au-dessous de l'imprimé :
« Bon pour minute », et il signe. Il porte cette note écrite
ou cette épreuve signée au bureau de l'Assemblée. Là, un
secrétaire ajoute : « Bon à expédier », et il signe à son
tour. Enfin, intervient un employé du Conseil, qui, après
avoir pris copie de cette minute, ajoute : « Expédié le...,
avec les pièces. » Et il signe d'un paraphe illisible. C'est le
rassemblement de ces notes apportées aux secrétaires par
les orateurs ou par les rapporteurs qui constitue le procès-
verbal. Ce mode de procéder est déja ancien ; il se pratique
sans modification, depuis la Législative de 1791 tout au
moins.

Pour la partie de la séance du 19 qui précéda l'irruption
militaire, combien allons-nous trouver, dans le dossier,
de ces notules qui, depuis des années, sont la contribution
des députés au travail du procès-verbal ? Nous n'en trou-
verons pas une. Les deux seules notes qui subsistent ont
été directement rédigées par les secrétaires. Nous parle-
rons tout à l'heure de ces deux notes ; pour suivre l'ordre
même du travail de l'Assemblée, signalons d'abord un
autre document du dossier du 19.

C'est une liste imprimée des membres du Conseil « à
Paris, de l'imprimerie nationale, vendémiaire an VIII ».
Les noms sont placés en colonne, par ordre alphabétique.
En examinant cette plaquette, on s'aperçoit que la plupart
des noms sont précédés d'un trait à l'encre, comme
ceci : — Sans aucun doute, nous sommes en présence de

la liste dont s'est armé un secrétaire pour procéder à l'appel nominal, au cours de ce renouvellement de serment qui fit perdre aux Cinq-Cents des minutes si précieuses. Au premier nom appelé : Abgrall, le secrétaire a tiré sa barre à la fin du nom, puis il a trouvé ce procédé mal commode, et, pour la suite, il fait son tiret au début de chaque nom. En notant les noms qui ne portent pas cette marque : —, nous avons la liste des absents (car tous les membres présents en passèrent par le serment à la Constitution). Voici cette liste d'absents, que nous sommes ainsi en mesure de dresser :

Augereau, Auverlot, Bailly (Seine-et-Marne), Baudet, Bergoeing, Bonnaire, Boyer, Caillou, Castaing, Cayre, Challan, Chalmel, Chazauld, Clauzel, Constant (Gironde), Cunier, Dimartinelli, Dornier, Dumonceaux, Duplaquet, Eversdyck, Ferrand, Foubert, Garrau (Gironde), Genissieu, Gourdan, Guesdon, Guillemot, Guirail, Hoverlant, Jourdan (Haute-Vienne), Jourdan (Nièvre), Lacuée, Lamarque, Lefebvre (Seine-Inférieure), Lepidi, Levallois, Mallarmé, Marvaud, Maugenest, Nogaret, Panichot, Penières, Pigeon, Ponterie-Escot, Roberjot, Rolland, Saliceti, Stevenotte, Tarte.

Disons : absents au cours de l'appel nominal ; plusieurs purent entrer en séance après cet appel. Augereau rôdait dans les couloirs et dans les jardins, sans pénétrer dans l'Assemblée ; Bergoeing avait envoyé sa démission le matin même ; Roberjot avait été assassiné à Rastadt, et Lucien Bonaparte était préoccupé, ce jour-là, d'autre chose que de prononcer la formule d'exécration contre la maison d'Autriche, ordonnée par la loi. Notons ici l'orthographe du nom de Saliceti ; c'est la véritable d'après sa signature très lisible que j'ai rencontrée aux émargements de son indemnité ; presque tous les auteurs écrivent à tort : Salicetti.

En dehors de ce document sur l'appel nominal, rien
dans le dossier, répétons-le, qui soit relatif à la partie de
séance antérieure à l'irruption des soldats, sinon les deux
notes signées par les secrétaires.

D'abord celle-ci :

19 brumaire. Le Conseil des Cinq-Cents déclare qu'il est
réuni en majorité dans la commune de Saint-Cloud, au lieu
désigné par le décret du Conseil des Anciens, en date du 18 du
présent mois de brumaire, et arrête que la présente déclaration
sera à l'instant portée au Conseil des Anciens par un messager
d'État.

Bon à expédier : D^{me} DILLON.
Expédié le 19 brumaire. (Paraphe de l'employé du Conseil).

Au-dessous de la note de Dillon, et en travers du papier
dont il vient de se servir, on peut lire ces quelques mots,
tracés par une autre main : « Le Conseil des Cinq-Cents,
en exécution de l'article 109... » Et ceci nous amène à la
seconde note, laquelle, contrairement à l'usage du bureau,
ne porte pas la date du jour ; elle est ainsi conçue :

Le Conseil des Cinq-Cents, en exécution de l'art. 105 de la
Constitution, fait connaître à la République que, conformément
au décret des Anciens du jour d'hier, il s'est réuni, cejourd'hui,
à midi, en cette commune, qu'il y siège en majorité, et que
chacun de ses membres a prêté le serment civique en ces
termes :

« Je jure fidélité à la République et à la Constitution de
l'an III.

« Je jure de m'opposer de tout mon pouvoir au rétablissement de la royauté en France, et à celui de toute espèce de
tyrannie. »

Le présent sera imprimé, envoyé aux administrations cen-
trales du département, lu, proclamé et affiché dans toutes les
communes de la République.

Bon à expédier : DESPREZ, secrétaire.

Voici ce que ce texte devient dans le procès verbal imprimé :

Un membre demande qu'en exécution de l'article 105 de la Constitution, il soit fait une proclamation au peuple français pour lui faire connaître que, conformément au décret du Conseil des Anciens, celui des Cinq-Cents est réuni dans la commune de Saint-Cloud, et qu'il y siège en majorité. Le Conseil adopte cette proposition.

Et cette fois, c'est bien tout ce qui se trouve dans la chemise du 19 brumaire, pour la partie antérieure à l'expulsion des députés. Les documents que nous allons voir maintenant appartiennent à la séance de nuit ; ils sont l'œuvre des vingt-cinq conjurés.

III

Car ils sont vingt-cinq tout juste. Voici une liste de noms qui, me semble-t-il, ne peut avoir qu'un sens : c'est une liste de présence. Simple hypothèse de ma part, je le reconnais, mais hypothèse qui s'appuie sur des présomptions très fortes. Les noms sont placés en colonne ; un premier scribe se charge de noter les arrivants ; il inscrit d'une seule traite : Boulay (de la Meurthe), Chazal, Daunou Chenier, Cabanis, Bérenger, Lucien Bonaparte, Ludot, Gaudin, Chabaud, Aubert (de la Seine).

Ce sont sans doute les premiers arrivés, et il semble qu'il y ait maintenant un moment d'attente ; le scribe en profite pour faire, dans son désœuvrement, un dessin bizarre, une sorte d'œuf sur lequel il croise des barres — dont l'une assez grosse, très noire, pourrait bien être un procédé pour cacher un mot ; le tout est relié par des points, et par une chaîne de petites boucles, au nom d'Aubert de la Seine, qui vient d'être inscrit. Mais voici des survenants, ceux qu'on est allé chercher dans les couloirs, dans le parc, dans Saint-Cloud ; qu'on est allé chercher parce qu'on sait qu'ils sont sûrs, et le scribe note : Malès, Fabre, Frégeville, Bara (des Ardennes), qu'il écrit avec deux *r*. A ce moment, quelqu'un (Bara peut-être, qui est secrétaire) prend la place du notateur, et c'est une autre main qui inscrit : Gourlay, Clairon, Villetard, Devinck-Thierry, Creuzé-Latouche, Thibault, Fabry, Beauvais, Jacqueminot et Casenave.

Sur la même feuille de papier, en face du nom de Boulay de la Meurthe, quelqu'un a écrit : Roy..., puis a effacé ce commencement de nom ; au-dessous de Roy..., on a écrit: Chénier, en le soulignant d'un trait net. Il y a là un travail autre, des noms pris au vol par le président, Lucien Bonaparte, qui toute la soirée a cette liste sous la main et qui, finalement, retourne la feuille pour y prendre des notes sur l'allocution qu'il compte, tout à l'heure, prononcer à l'entrée des Consuls (1).

Le plus grand peuple de la terre vous confie ses destinées. Dans trois mois l'opinion vous attend ; le bonheur domestique du peuple, la liberté de tous, les besoins des armées et la paix... tel est le mandat qui vous est confié... il faut du courage et du dévouement pour se charger de fonctions aussi importantes, mais la confiance de la nation et des armées vous entourent (*sic*) et d'ailleurs le Corps législatif sçait que vous avez (mots illisibles) à la patrie. En nous ajournant nous avons (mots illisibles) avec le patriotisme (mots effacés) rétablissement de la souveraineté du peuple fr... (mots illisibles) avec le patriotisme.

Je jure fidélité à la République française, une et indivisible, à l'égalité, à la liberté et au système représentatif.

Nous attendons de vous les événements.

(1) Comparer avec le texte du procès-verbal imprimé.

Cette rencontre de l'allocution de Lucien nous a fait interrompre l'ordre chronologique. Reprenons le dossier au début de la séance de nuit.

Nous trouvons d'abord cette note :

19 brumaire. Sur la proposition d'un membre, le Conseil des Cinq-Cents arrête qu'il sera fait un message au Conseil des Anciens pour le prévenir que le Conseil des Cinq-Cents est actuellement en séance.

Bon à expédier.

BARA, secrétaire.

Nous rencontrons ensuite la minute de la proposition de Bérenger déclarant que Bonaparte, les généraux sous ses ordres, etc., ont bien mérité de la patrie. Minute conforme au procès-verbal, sauf que, dans le texte imprimé, on a intercalé, parmi les troupes félicitées, le 28ᵉ de chasseurs à cheval que la minute ne mentionne pas.

Au surplus, Bérenger avait prévu que sa nomenclature ferait surgir les réclamations, puisqu'il avait pris la précaution de comprendre dans ses félicitations « les autres officiers... qui seront proclamés ». Le lendemain de la victoire, les réclamants furent nombreux, comme on va s'en assurer.

Le carton C. 593 contient une lettre, datée du 25 brumaire, du général Morand, commandant la place de Paris aux membres de la Commission intermédiaire du Conseil des Anciens ; le général signale les officiers qui, dit-il, « ont concouru aux journées des 18 et 19 brumaire ». Il joint à sa missive une liste de ces officiers, et il demande au Conseil de « vouloir bien donner de la publicité à la présente ». Cette publication fut-elle faite ? c'est probable ; je ne me rappelle pas avoir lu la pièce imprimée, mais je puis me tromper. Dans tous les cas, la liste des officiers

qui désirent avoir concouru au succès de la journée est
considérable et il ne saurait être question de la reproduire ici : bornons-nous à citer les généraux division-
naires ou de brigade qui sont venus signer le registre du
général Morand ; ce sont les généraux : Saint-Hillier,
Richon, Hatry, Montrichard, Cordelier, Duverger, Char-
pentier, Baget, Ferrand, Boivin, Leveillé, Dividard, Kniar-
cowïz (Polonais), Chapuy, Canclaux, Amey, Desperrières,
Sauviac, Gregnon, Chevalier, Aguillon, Dalesme, Beau-
lieu-Mesle, Elie, Monteau, Launay, Esharmel, Ruelle,
Meunier (directeur du dépôt de la guerre), Desdorides et
Michel Dumousseaux.

C'est Chazal, on le sait, qui, dans cette soirée du 19,
dit : « Agissons, voici des mesures. J'en demande le ren-
voi à une Commission spéciale. » On sait aussi que cette
Commission, chargée de « faire son rapport séance
tenante », est composée de Boulay (de la Meurthe), Chénier, Chazal, Villetard et Jacqueminot. On est attristé de
trouver là Chénier, on voudrait pardonner à l'auteur de
l'immortel chant du départ, mais le fait est que Chénier
ne se contente pas de regarder, de laisser passer ; il est
l'un des premiers inscrit sur la liste des présents ; on
compte sur lui pour une des besognes de la nuit ; c'est
pour cela, sans doute, que, sur cette liste, quelqu'un
(*v. supra*) a détaché son nom, l'a inscrit une seconde fois
en tête de la feuille, l'a souligné. Toutes les pages de la
vie de Chénier ne sont pas belles ; il y a, dans un mémoire de Weber, des lignes écrites au moment où le frère
de lait de Marie-Antoinette vient d'échapper, par une heu-
reuse chance, au massacre de la Force ; ces lignes sont
fâcheuses pour la mémoire de Chénier ; l'attitude du
poète, dans la nuit du 19 brumaire, est encore un chapitre
à déplorer dans cette existence. Mais il n'est pas donné à

tout le monde de savoir servir la tyrannie : avant peu, les dédains de Bonaparte seront le châtiment de Chénier, lui tiendront lieu de remords.

Quelle part lui revient, en réalité, dans la « loi du 19 brumaire »? Uniquement, je le crois, et c'est plus qu'assez, son adhésion aux propositions de Chazal. Ce dernier est l'auteur principal : « Voici des mesures. » L'acte du 19 brumaire est donc dans sa poche; il vient de le combiner avec les conjurés des Anciens. Car les Anciens, ne l'oublions pas, ont collaboré aux « mesures ». Ils ont fait inscrire sept des leurs sur la liste des exclus; ils ont essayé d'en introduire onze ; il a fallu modérer leur zèle.

Le dossier contient deux projets de cette liste des exclus :

L'un a été dicté à un expéditionnaire qui écrit sur le papier officiel réservé aux pièces revêtues des signatures de bureau de l'Assemblée; en tête, on a mis, comme il est d'usage : « Extrait de la séance du 19 brumaire... » On a voulu aller vite; on a voulu, s'aidant de notes qui n'ont pas été conservées, produire du premier coup un texte définitif pour gagner une heure. Mais, dès les premières lignes, voici les ratures : «... Ne sont plus membres de la représentation nationale, pour les excès et les attentats auxquels ils se sont constamment portés et notamment (ajouté : *le plus grand nombre d'entre eux*) dans la journée de ce matin, les (effacé : *individus cy après*) individus cy après *dé* nommés (*dé* effacé); *cy après* (effacé).

Puisque la feuille de papier officiel est gâchée, on interrompt le travail de dictée; on révise la liste. On efface, avec un soin extrême, un nom qui figurait entre celui de Duplantier (de la Gironde) et celui d'Arena ; on efface une première fois Dimartinelli que se trouvait inscrit après Lecler-Sheppers, mais on le réinscrit plus loin, entre André (du Bas-Rhin) et Collombel (de la Meurthe) ; Balivet, inscrit entre Brixhe (de l'Ourthe) et Poulain-Grandpré, est effacé. Après Blin, un nom est effacé avec soin ; on croit lire Vesin ou Varin. Entre Bouvier et Brichet, figure Boyer, des Cinq-Cents. Après Delbrel, un nom est barré qui pourrait être Beitz. Après Doche-Delisle, on a mis, semble t-il, Dupoix ; il n'y a pas de député de ce nom, à moins que ce ne soit le secrétaire de la séance de jour, Desprès (de l'Orne), mal écrit ; ce Dupoix est effacé et remplacé par Stevenotte. Après André (du Bas-Rhin), autre nom effacé avec soin. Montmayou, des Anciens, qui figurait après Philippe, est effacé. Gourdan, des Anciens, inscrit après Letourneux, est effacé. Après Citadella, on ajoute : Stevenotte, Dimartinelli, Brixhe (de l'Ourthe) et Balivet. On s'aperçoit alors que les trois premiers de ces noms figurent déjà plus haut, et on barre cette inscription en double. Balivet, inscrit lui aussi pour la seconde fois, est de nouveau effacé. Après Bordas, on a inscrit, puis effacé Jevardat-Fombele, des Anciens. En fin de liste, on porte Laurent (du Bas-Rhin) et Beitz, qui avait été effacé plus haut. En faisant la soustraction des noms effacés, il reste soixante-deux exclus.

On confectionne alors une minute, où se retrouve encore Balivet écrit comme ceci : Balwin. Le nom a été mal entendu sans doute par celui qui tient la plume. Boyer figure également sur la nouvelle minute. Le scribe commet l'erreur d'écrire : Jourdain (Haute-Vienne) et Jourdan (Ille-et-Vilaine), au lieu de Jourdan (Haute-Vienne) et Jourdain (Ille-et-Vilaine). On efface Balwin (Balivet), on efface Boyer. Le nombre des exclus se trouve ramené à soixante et un.

Détail curieux ; il y a à l'Assemblée un membre nommé Chaumont, et un membre nommé Chalmel. Les deux listes préparatoires placent Chaumont parmi les exclus. Dans la liste officielle, Chaumont est devenu Chalmel.

Pour en finir avec la séance de nuit il me reste à dire quelques mots des listes préparatoires dressées pour l'élection des vingt-cinq membres de la Commission intermédiaire des Cinq-Cents. Ces listes sont au nombre de deux. Celle que je suppose être la première en date, à cause du nombre des ratures, portait d'abord trente-six noms ; on en a raturé un certain nombre de façon à la réduire au chiffre de vingt-cinq. Les onze noms effacés sont, pour la plupart, barrés avec un soin si méticuleux qu'on ne peut les lire, sauf ceux-ci : Fabre (de l'Aude), Portiez (de l'Oise), Jean De Bry, et Jard-Panvillier. La seconde pièce, qui devient la minute signée par les président et secrétaires, ne porte plus qu'une rature ; le barré paraît être Jean De Bry ; on porte à la place : Frégeville.

En résumé, si l'hypothèse qui m'a fait qualifier de liste des présents l'un des documents cités plus haut est exacte, la Commission intermédiaire des Cinq-Cents comprend :

1° Vingt des assistants à la séance de nuit du 19 ;

2° Cinq membres qui n'ont pas assisté à cette séance : Arnould (de la Seine), Cholet (de la Gironde), Girod-Pouzol, Mathieu et Thiessé.

Les cinq assistants qui ne passent pas à la Commission intermédiaire sont : Aubert (de la Seine), Clairon, Fabre (de l'Aude), Fabry et Malès.

Nous allons maintenant analyser quelques documents provenant de la commission intermédiaire.

IV

Voici d'abord une petite note, signée par l'un des expéditionnaires employés au Conseil des Cinq-Cents. C'est une fiche de service envoyée par cet employé à l'un de ses collègues des Anciens :

Nous vous expédierons la loi que vous nous demandez sitôt que nous l'aurons.

Elle est restée à Saint-Cloud, dans le carton où sont toutes nos affaires.

Elle a été expédiée le jour même à la Commission consulaire. Mais le temps ne nous a pas permis d'en faire une seconde pour votre Commission intermédiaire.

GAUTIER.

La note n'est pas datée, mais on a remarqué cette formule : « la Commission consulaire » ; c'est le terme inauguré par le texte voté dans la nuit du 19. Mais l'usage ne l'adopta pas ; on préféra dire : les Consuls. Le billet de Gautier est donc probablement du 20 ou du 21 brumaire.

Voici maintenant une annotation placée sur la chemise de la séance de la Commission intermédiaire, à la date du 25 brumaire :

D'après l'arrêté de ce jour, 25 brumaire, il n'a plus été fait mention des pétitions au procès-verbal, et toutes celles remises aux procès-verbaux par les secrétaires-rédacteurs (un mot illisible) ont été envoyées jour par jour au bureau des dépêches (un mot illisible) avec le mot *nul*. Il n'est donc nullement mention dans les procès-verbaux de la Commission des Cinq-Cents de la demande des députés exclus.

[Ici, un paraphe illisible.]

Je ne trouve pas dans la même chemise la demande des députés exclus.

Le 7 frimaire suivant, voici ce que je rencontre :

Inspection, 5 membres.
Lois organiques de la Constitution, 7 membres.
Finances, 5 membres.
Législation, 8 membres.
Dans les jours de délibération, y aura-t-il :
Des assistants? non.
Des journalistes? non.
Des rédacteurs (*et huissiers*, effacé)? oui.
Des représentants ajournés? non.
Des huissiers? non.

Par « représentants ajournés » il faut entendre, bien entendu, non pas les représentants exclus, mais tous les représentants, les Conseils ayant été ajournés au 1er ventôse par l'acte du 19.

Autre pièce : Poultier avait écrit dans l'*Ami des Lois* :

Journée du 18 brumaire — ... Sur la fin du jour, deux cents députés se sont réunis chez Roze, en un banquet civique, pour célébrer cette victoire politique remportée sur une bande de vauriens qui entraînaient la France à sa perte. Le repas a été gai.

La note de ce repas gai, je la trouve dans le carton C, 478, aux pièces comptables :

État des reprises de brumaire an 8.

    du 19 brumaire an 8.
... Aux porteurs d'argent pour 400.000 1 .   34 fr. »
    du 21 brumaire an 8.
Au c. Rose, restaurateur . . . . 5.277 fr. 30

Je ne fais que signaler deux pièces disant, la première (du 22) que, le 15 brumaire étant passé, les membres

(1) Ou 1 million. On ne distingue pas bien s'il y a un 4, ou s'il y a deux 1.

exclus toucheront le mois de brumaire, et que leur costume leur sera rendu ; la seconde (du 8 frimaire) que les mêmes membres toucheront leur indemnité pour frais de retour dans leurs départements. Je crois que ces deux pièces figurent aux procès-verbaux imprimés.

Mais voici, parmi les pièces du 29 frimaire, un état intéressant :

```
Représentans du peuple, au dix-huit brumaire an 8. . .  473
Membres de la Commission . . . . . . . . . . . . .  25  ⎫
Signataires de la Constitution . . . . . . . . . .  322  ⎪
Délégués. . . . . . . . . . . . . . . . . . . . . .  19  ⎬ 445
En congés. . . . . . . . . . . . . . . . . . . . .  24  ⎪
Démissionnaire. . . . . . . . . . . . . . . . . . .   1  ⎪
Exclus. . . . . . . . . . . . . . . . . . . . . . .  54  ⎭
                                        _______________
                              Différence. . .   28
```

On sait que le démissionnaire est Bergoeing ; et on voit que le nombre des exclus est descendu de 61 à 54.

Il me reste un document à analyser. C'est (carton C, 476) un état vu et approuvé, le 16 floréal an 8, par les « membres composant la commission chargée de la liquidation du Conseil des Cinq-Cents... Devinck-Thierry, Casenave, Gourlay ». L'état montant à la somme de 12.000 francs, et certifié véritable par le chef de la comptabilité, porte sur « les frais de logement revenant aux députés exclus du 18 brumaire ». Il indique 57 parties prenantes. Les sommes remises à chaque député varient de 100 à 400 francs. En face de chaque nom, l'employé a fait une croix au crayon, pour indiquer qu'il a versé.

Trois députés ne se sont ni présentés ni fait représenter, et ont laissé tomber en fin d'exercice les sommes qui leur sont destinées : ce sont Arena, Beitz et Delbrel.

Quelques-uns sont venus émarger en personne ; ce sont Bergasse, Bergoeing (celui-ci n'est pas un exclu, mais un démissionnaire), Bigonnet (qui touche, en outre, pour Prudon et pour Goupilleau), Boulay-Paty, Bouvier, Briot (qui touche, en outre, pour Quirot), H. de Clercq, Gastin, Groscassand-Dorimond, Housset, Joubert, Jouenne, Jourdan (Haute-Vienne), Mentor, Talot et Truc.

Les autres font toucher, soit par des collègues non exclus, soit par leurs femmes, soit par des fondés de pouvoir. De ce nombre est Destrem, qui a choisi pour fondé de pouvoir son ami Marcelin. Ceci renforce la présomption que j'ai hasardée dans la biographie de Destrem (*Le dossier d'un déporté de 1804*), à savoir que Destrem s'était peut-être caché, après le coup d'État, chez Marcelin, à l'Abbaye-au-Bois.

Telle est la faible contribution que les cartons explorés apportent à l'histoire du 19 brumaire.

Paris. — L. Maretheux, imprimeur, 1, rue Cassette. — 3631.

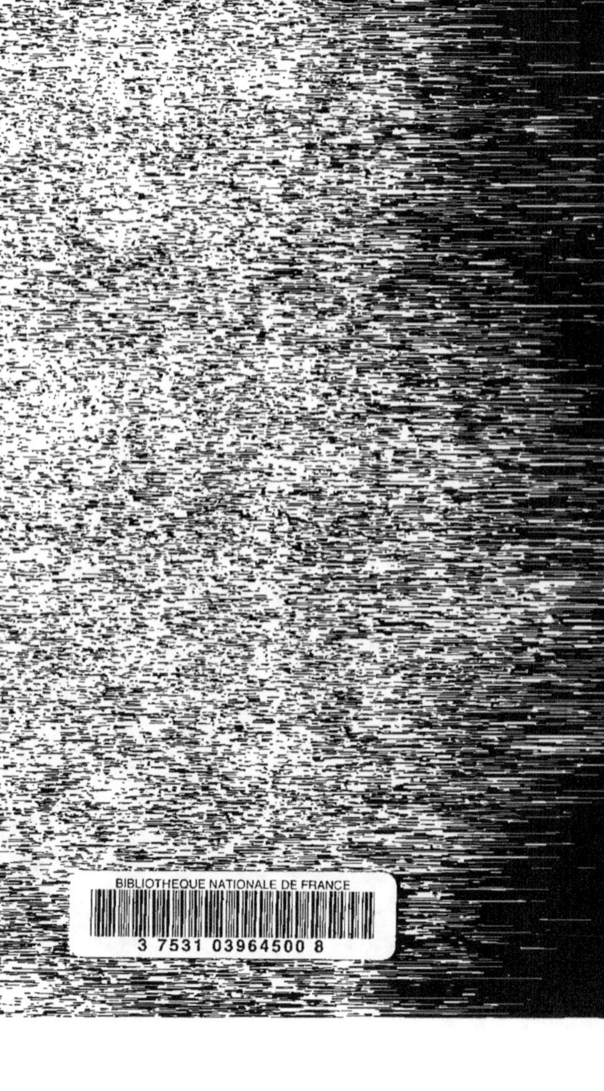